RÉPUBLIQUE

ou

MONARCHIE.

TROYES. — TYPOGRAPHIE CARDON.

RÉPUBLIQUE

ou

MONARCHIE,

SIMPLE EXPOSÉ DE L'ÉTAT DE LA QUESTION,

Par **D.-D. FARJASSE**, ancien Préfet.

Les peuples sont-ils assez simples pour se croire
la propriété d'une famille ?

PAROLES DE BONAPARTE (*Mémorial de
Sainte-Hélène*, t. II, p. 780. Paris 1842.)

Prix : 25 centimes.

Se vend au profit des Instituteurs révoqués.

TROYES,

CHEZ VIGREUX-JAMAIS, LIBRAIRE.

1851.

RÉPUBLIQUE

ou

MONARCHIE,

SIMPLE EXPOSÉ DE L'ÉTAT DE LA QUESTION.

Révision, prorogation, fusion, solutions de toutes sortes, telles sont les questions qui s'agitent et nous agitent. Elles se réduisent à cette alternative : RÉPUBLIQUE OU MONARCHIE. Etudions l'une et l'autre, et n'apportons dans cet examen que le plus pur patriotisme. Pour moi, je le proteste, je ferai taire mon ardent amour pour la République ; je ne serai pas juge dans ma propre cause, mais rapporteur impartial. C'est à tous de juger.

Ce travail, dont le sujet resserré dans quelques pages pourrait fournir la matière de plusieurs volumes, ne s'adresse pas à ceux qui savent ; les uns profondément convaincus de la vérité, pensent, agissent et écrivent conformément à leurs principes ; les autres, qui les ont également gravés dans leur conscience, mais qui les nient des lèvres par la crainte de l'affranchissement des masses, comme si le bonheur de tous pouvait nuire à leur bonheur particulier, déchireront l'auteur, critiqueront son écrit et le détruiront par tous les moyens qui leur sont familiers.

J'écris pour ceux qui ne savent pas, et c'est douloureux de le dire, j'écris pour les neuf dixièmes de mes concitoyens. Ce n'est pas que les principes que j'expose leur soient étrangers, loin de là, tous en ont le sentiment, mais fort peu s'en sont rendu compte. Ces vérités sont chez eux à l'état de germe. Il faut que ce germe prenne racine par la méditation et qu'il grandisse par la conviction, de sorte que la plante ne soit pas arrachée par le souffle d'un intérêt astucieux, aidé de faux raisonnements; d'un langage habile et d'influences de toutes sortes dont savent si bien user les partisans des priviléges.

Vous donc qui ne savez pas, qui ne voyez pas et qui voulez voir, ouvrez les yeux à la lumière. N'imitez pas ces gens à la vue faible qui les ferment d'autant plus qu'on y dirige une clarté plus vive. Lisez cet écrit et le relisez, lisez et pensez, pensez et jugez. S'il vous semble mauvais, brûlez-le et qu'il n'en reste pas de traces. Si, au contraire, vous croyez qu'il contienne une vérité, une seule, appropriez-vous-la et la communiquez à d'autres; car la vérité n'est pas la propriété d'un seul, c'est le bien de tous comme est la lumière du soleil.

La question République ou Monarchie équivaut à celle-ci : A qui appartient la *souveraineté?* Voyons donc d'abord ce qu'on entend par ce terme.

I.

DE LA SOUVERAINETÉ.

—

On entend par souveraineté la puissance suprême, la toute-puissance. Dans cette acception, la souveraineté est un attribut de la Divinité : elle n'appartient qu'à Dieu.

Il n'est pas de puissance sur la terre qui n'émane de la souveraineté divine, parce qu'il n'est rien qui ne soit l'œuvre du Créateur, et c'est dans ce sens que les théologiens disent : Toute puissance vient de Dieu. *Non est potestas nisi à Deo.*

En nous donnant le libre arbitre, c'est-à-dire la faculté de l'âme qui fait que nous nous déterminons à une chose plutôt qu'à une autre, Dieu nous a doué d'une puissance analogue à sa souveraineté divine. J'appelle cette puissance la souveraineté de soi-même, la souveraineté individuelle.

Lorsque Dieu permit que les hommes qui vivaient isolés se réunissent en corps de nation, ce n'a pas été, comme on l'a dit fort à tort, dans l'intérêt de leur défense personnelle ; car ceux qui les auraient attaqués se seraient déjà réunis ; mais bien dans le but de leur perfectionnement moral et matériel. Il les a réunis en nations pour que, conformément à la loi du progrès, ils pussent se rapprocher graduellement de sa divine perfection.

L'homme isolé est faible ; il dépérit. S'il n'est pas méchant, c'est qu'il n'a personne près de lui pour en faire la victime de ses passions. Réuni en société, il se perfectionne et profite du perfectionnement général. Sa souveraineté individuelle s'agrandit de la souveraineté de tous. Cette souveraineté générale est la souveraineté du peuple.

En créant l'homme libre, Dieu l'a fait souverain ; en permettant qu'il se réunit en corps de nations, il a créé la souveraineté du peuple ; c'est donc par droit d'institution divine que la souveraineté réside essentiellement dans le peuple. On la nomme aussi souveraineté nationale ou réelle.

La souveraineté nationale peut, sous la pression de certaines circonstances, devenir latente ou voilée. La ruse d'une caste ou la violence peuvent l'empêcher de se manifester ; mais jamais elles ne peuvent la suspendre. La souveraineté nationale ne cesse de subsister que par l'anéantissement de la nation. Née avec la nation, elle meurt avec elle.

Une nation peut-elle déléguer la souveraineté à un ou plusieurs hommes ? Pas plus qu'il n'est possible à l'homme de déléguer son libre arbitre.

Tout homme qui se prétend souverain insulte donc à Dieu et à l'humanité; à Dieu, puisqu'il s'attribue sa souveraineté suprême; à l'humanité, puisqu'il prétend la dépouiller de son libre arbitre, de toutes nos facultés, celle qui nous rapproche davantage de la Divinité, celle qui nous en rapproche autant que la créature peut se rapprocher de son Créateur.

La souveraineté nationale est un principe; c'est un être métaphysique, un être moral, comme est la volonté; c'est-à-dire que si la souveraineté est du domaine de notre intelligence, elle ne tombe pas sous nos sens.

Ainsi que la volonté elle se manifeste par des actes physiques. L'intermédiaire d'agents physiques est donc nécessaire pour l'exercice des actes de son ressort.

Dans une nation peu nombreuse, ces agents seront tous les membres de la cité indistinctement; dans une nation dont la population est trop considérable pour que l'universalité des citoyens puisse exercer physiquement tous les actes de la souveraineté, une partie de ces actes sera exercée par un certain nombre de mandataires élus par l'universalité de la nation. Le droit de ces agents procède de la souveraineté populaire comme celle-ci procède de Dieu même.

Il est très-important d'observer que la délégation d'une partie déterminée de l'exercice de la souveraineté n'est pas la délégation de la souveraineté même, qui, comme nous l'avons prouvé, n'est pas susceptible d'être déléguée.

Cette délégation ne peut être que temporaire; car si elle était perpétuelle elle équivaudrait à l'abdication de la souveraineté, ce qui serait contraire aux principes du libre arbitre.

Elle doit être révocable ; car quelque brève que soit la durée du mandat, si le mandataire ne peut être révoqué quand il plaît au mandant, le mandataire sera souverain de fait quoique souverain temporaire. Mais qui révoquera le mandataire infidèle ? Ceux qui lui auront confié le mandat ([1]).

1 J'entends nos adversaires s'écrier : La révocation des mandataires ou représentants est impossible ! Je réponds : *C'est très-possible !* Il y a cent moyens de révoquer les mandataires infidèles ; je n'en propose qu'un ; il me paraît fort simple. Je prends pour exemple le département de l'Aube qui envoie cinq représentants à l'Assemblée nationale. Le jour de l'élection arrive ; vingt candidats sont sur les rangs ; cinq réunissent le plus grand nombre de suffrages ; ils se rendent au siége du gouvernement. Que les quinze qui viennent après se forment en commission permanente chargée de surveiller l'exécution sincère du mandat confié aux représentants. Sur la plainte d'un certain nombre d'électeurs, disons cinq cents, disons mille, ce que vous voudrez, chacun des cinq arrondissements nomme cinq citoyens, en tout vingt-cinq, qui s'adjoignent aux quinze candidats déjà désignés par les suffrages des électeurs, et ces quarante membres complètent la commission de surveillance. Cette commission aura le droit d'appeler à sa barre le mandataire qui aura motivé la plainte, de le révoquer s'il y a lieu, de le remplacer par un autre pris dans les quarante et d'en appeler à la masse des électeurs du département, qui, en cas d'improbation de l'arrêt de la commission, procèdent immédiatement, *sans recourir à l'autorisation du gouvernement,* à une élection générale. Eh quoi, dira-t-on, toujours des élections, toujours les citoyens réunis en comices ; voyez l'agitation qui résultera de ce système ! Je réponds d'abord : la souveraineté est un bien assez précieux pour qu'on se donne la peine de le conserver. Je réponds ensuite : Soyez persuadés que vos représentants, sur la tête desquels vous tiendrez sans cesse suspendue la conséquence des arrêts de la commission de surveillance, seront un peu plus fidèles à leur mandat ; et que le droit de les révoquer ne s'exercera pas aussi fréquemment que nos adversaires voudraient le faire croire. La révocation

Résumons : libre arbitre de l'homme, souveraineté individuelle ; réunion des hommes en corps de nation, souveraineté du peuple ; exercice d'une partie de la souveraineté par des agents révocables, élus du suffrage universel, c'est-à-dire en droit, RÉPUBLIQUE DÉMOCRATIQUE. Tel est le gouvernement conforme à la loi divine ([2]).

Ici je pourrais m'arrêter, ma tâche semble finie. Toutefois je n'ai fait qu'exposer des principes. L'application de ces principes est-elle possible en France ? Peut-on le prouver par des faits irrécusables ? Vous allez en juger.

---

des mandataires n'est pas à proprement dire une innovation ; la dissolution de la Chambre des députés, dans la monarchie constitutionnelle représentative, est une application du principe. Application essentiellement fausse, il est vrai, puisqu'on y attribue au roi ce qui n'appartient en réalité qu'au peuple, qui seul a confié le mandat.

[2] La souveraineté du peuple, comme la plupart des vérités, est susceptible d'une infinité de démonstrations. On peut la prouver par le principe de l'égalité. « La prétention du sang, a dit Bona« parte, est une idée choquante et absurde, en ce qu'il n'existe « réellement qu'une seule espèce d'hommes, puisqu'on n'en a pas « vu naître les uns avec des bottes aux jambes et d'autres avec « un bât sur le dos. » (*Mémorial de Sainte-Hélène*, tome II, p. 469, grand in-8°, Paris 1842.) Tous les hommes naissant égaux qui donc oserait s'arroger la souveraineté exclusive ?

On peut aussi la déduire du principe de fraternité ; tous les hommes étant frères nul n'a le droit de se dire le souverain, le maître des autres. « Le despotisme, a dit Fénélon, est un atten« tat à la fraternité humaine. »

J'ai préféré faire découler le principe de la souveraineté du peuple, du libre arbitre, que nos adversaires eux-mêmes ne peuvent contester sans nier à la fois la religion et la saine philosophie. De plus longs développements n'entreraient pas dans le cadre que je me suis tracé.

II.

DE LA MANIÈRE DONT LES GOUVERNEMENTS S'ÉTABLISSENT.

—

On a dit avec raison que le gouvernement le plus conforme à la nature est celui dont la disposition particulière se rapporte mieux à la disposition du peuple pour lequel il est établi.

Etudions donc les différentes formes de gouvernements; étudions aussi les dispositions du peuple français, c'est-à-dire son caractère, son esprit social, et nous aurons la réponse à la question que j'ai posée en tête de cet écrit : République ou Monarchie?

Je dirai d'abord quelques mots de l'établissement des gouvernements en général.

———

La loi fondamentale, autrement dit, la constitution qui règle la forme de gouvernement d'une nation, peut tirer son autorité de l'intervention divine vraie ou fausse. C'est ainsi que Moïse, chez les Israélites, Lycurgue et Solon, chez les Grecs, Numa, chez les Romains, Mahomet, chez les Arabes, ont fait intervenir la Divinité dans le droit public. C'est ainsi qu'en France les monarques qui régnaient autrefois sous le titre de *Roi des Français par la volonté du peuple,* se sont arrogés, sous les derniers règnes, celui de *Roi de France par la grâce de Dieu.* Dans ce cas, la loi fondamentale dure autant que la croyance des peuples en cette intervention a de durée et que ceux-ci subsistent en corps de nation.

Cette loi peut être instituée par la force. Ici il y a une distinction à faire ; si le peuple se soulève pour secouer le joug de la tyrannie ; comme il est l'auteur de la révolution et conséquemment qu'il la fait suivant son esprit social, le gouvernement qu'il se choisit librement subsiste. Voilà comment au quatorzième siècle la Suisse se constitue en République après avoir chassé les Autrichiens de son territoire ; qu'au seizième, les paysans suédois renversent la tyrannie des Danois, et qu'au dix-huitième, les colonies anglaises d'Amérique conquièrent leur indépendance, se constituent en nation et proclament la République démocratique. Si au contraire la fondation du nouveau gouvernement est le fait de la conquête ou de l'usurpation, ce gouvernement imposé au peuple par la violence périt par la violence. L'histoire des nations, et trop souvent la nôtre, nous en fourniraient des preuves abondantes.

Enfin, la loi constitutionnelle peut être le résultat de la volonté spontanée, tacite ou exprimée, du peuple qu'elle régit ; dans ce cas le gouvernement subsiste tant que l'esprit social ne subit pas d'altération.

Ce qui sert à fonder les Etats sert donc aussi à les maintenir ; en d'autres termes, la cause première de l'acceptation d'une forme de gouvernement sera aussi la cause efficiente de sa durée.

Il résulte de ce qui précède, d'abord que le consentement du peuple est la base la plus solide des gouvernements ; secondement que la constitution doit être en harmonie constante avec l'esprit social et le suivre dans la voie du progrès. C'est ainsi que depuis 1688 l'Angleterre nous offre le spectacle d'une nation transformant sa constitution sans passer par les commotions violentes qui nous agitent depuis soixante ans.

III.

DU GOUVERNEMENT DESPOTIQUE.

Après avoir vu la manière dont les gouvernements s'établissent, examinons les différentes formes de ces gouvernements. Je ne prendrai pour guide dans cette étude, ni Voltaire, ni Mably, ni Rousseau, ni Mirabeau, ni aucun des publicistes qui ont écrit soit à l'aurore de notre révolution, soit pendant ou depuis la tourmente révolutionnaire. Les monarchistes pourraient récuser ces autorités comme étant trop dominées par les idées de cette époque. Je m'appuierai sur les écrits d'un gentilhomme qui vivait il y a plus d'un siècle, sur Charles de Secondat, Baron de la Brède, et de Montesquieu, Président à mortier du parlement de Bordeaux.

Il n'y a en réalité que deux formes de gouvernements : le gouvernement d'un seul et le gouvernement de plusieurs. On a voulu distinguer le gouvernement d'un seul en despotisme et monarchie ; l'unique différence qui existe entre le monarque et le despote provient purement du plus ou moins de lumière et d'humanité dans celui qui gouverne.

Le monarque, dira-t-on, est soumis à des lois fixes et établies qui limitent l'étendue de sa puissance. Je réponds que le gouvernement d'un seul, agissant sans contrôle, serait monstrueux ; qu'il n'a jamais existé en droit ni même en fait ; telle est la vérité. Les Russes, les Turcs mêmes ont leurs lois constitutionnelles et des assemblées qui sont en quelque sorte des barrières à l'omnipotence du maître ; le sénat à Pétersbourg, l'assemblée des docteurs de la loi à Constantinople ; barrières bien faibles, il est vrai, mais qui, du moins, sont un hommage rendu à l'humanité.

La religion est surtout la plus forte barrière du despotisme puisqu'elle commande au despote lui-même. Un sultan peut bien ordonner à un fils de trancher la tête de son père, mais il ne peut lui ordonner de boire du vin. Un empereur de Russie peut bien commander les massacres de Varsovie, mais quoique véritable chef de la religion gréco-russe, puisqu'il nomme les membres du saint-synode, il n'y peut rien changer, que dis-je, il s'exposera même à perdre sa couronne s'il veut forcer ses sujets à se couper la barbe.

Ainsi, dans le despotisme, l'homme n'est plus à la vérité qu'une créature qui obéit à une créature qui veut ; mais la volonté de celui qui commande a quelques limites.

Un caractère particulier du despotisme pur, c'est

l'égalité de tous les sujets devant le despote ; ce n'est pas l'égalité devant la loi ; mais l'égalité devant la volonté d'un seul, devant la violence. Le premier ministre, le grand visir peuvent être sortis des rangs les plus abjects de la populace, et peuvent y rentrer sur un signe du maître ; l'histoire des Russes et de l'empire Ottoman nous en offrent cent exemples.

Cette forme de gouvernement subsiste surtout en Orient où l'ignorance a fait descendre l'homme au dernier degré de l'avilissement.

Le principe du gouvernement despotique est la crainte, a dit Montesquieu. C'est le contraire ; le principe de ce gouvernement, c'est-à-dire son ressort, ce qui le fait agir, pour me servir des expressions mêmes de l'auteur de l'*Esprit des Lois*, est la violence. La crainte est passive, la violence active ; un ressort est actif et non passif. Il est tellement vrai que la violence est le principe du despotisme, qu'il n'a pu avoir d'existence que sous les gouvernements militaires, tels que celui de la Russie, et qu'il ne s'est établi chez nous que lorsque l'armée et son chef étaient tout et le peuple rien. Une armée nombreuse, aux ordres d'un chef, est donc ce qu'il y a de plus dangereux pour l'indépendance des nations.

IV.

DU GOUVERNEMENT MONARCHIQUE.

—

C'est assez sur le despotisme pur, passons à celui qu'on nomme monarchie. On en distingue deux sortes : la monarchie proprement dite ou tempérée, celle sous laquelle nous vivions avant la révolution de 1789, et la monarchie constitutionnelle. Nous allons les examiner l'une et l'autre, en commençant par la plus ancienne.

———

On a dit que la monarchie tempérée était le gouvernement d'un seul dont le pouvoir était limité par des lois fixes et établies. Montesquieu doute qu'il y ait jamais eu un tel gouvernement. « Au moins est-il « impossible, dit-il, qu'il ait jamais existé dans sa « pureté. C'est un état violent qui dégénère toujours « en despotisme ou en République. La puissance ne « peut jamais être partagée également entre le peuple « et le prince : l'équilibre est trop difficile à garder; « il faut que le pouvoir diminue d'un côté pendant « qu'il augmente de l'autre; mais l'avantage est ordi-

« nairement du côté du prince qui est à la tête des
« armées. »

La monarchie tempérée n'est donc aussi qu'un gouvernement de violence, puisque la force y remplace le
droit.

Les lois fondamentales de la monarchie supposent
nécessairement un pouvoir intermédiaire chargé de
les faire respecter. Dans la monarchie où le peuple
n'est rien, ce pouvoir sera la noblesse. « Elle entre en
« quelque sorte dans l'essence de la monarchie dont
« la maxime fondamentale est : *Point de monarque,*
« *point de noblesse; point de noblesse, point de mo-*
« *narque.* » (Montesquieu, *Esprit des Lois.*)

« La couronne, dit plus loin le publiciste que nous
« avons pris pour guide, fut toujours soutenue par
« cette noblesse qui tient à honneur d'obéir à un roi;
« mais qui regarde comme *la souveraine infamie de*
« *partager la puissance avec le peuple.* »

J'ajouterai pour corroborer, s'il est possible, l'opinion de ce grand citoyen, qu'il est tellement vrai que
la noblesse est une partie essentielle de la monarchie,
que je défie de citer un seul gouvernement de cette
nature qui ait existé ou qui existe sans noblesse.
Bonaparte lui-même, dont les titres de noblesse, disait-
il, ne remontaient qu'à la bataille de Montenotte,
voulant consolider sa puissance et ce qu'il appelait sa
dynastie, fut contraint d'en instituer une.

Notez bien que, par noblesse, Montesquieu n'entend
pas seulement un corps de particuliers portant les
titres stériles de prince, de duc, de marquis, de
comte ou de baron ; mais bien une corporation privilégiée, qui cesse d'être le soutien de la monarchie

en perdant ses priviléges. « Le gouvernement monar-
« chique, dit-il, suppose des prééminences, des rangs
« et même une noblesse d'origine. Abolissez dans une
« monarchie les prérogatives des seigneurs, du clergé
« et de la noblesse, et vous aurez bientôt un Etat po-
« pulaire. Les tribunaux d'un grand Etat, en Europe,
« frappent sans cesse depuis plusieurs siècles sur la
« juridiction patrimoniale des seigneurs et des ecclé-
« siastiques. Nous laissons à décider jusqu'à quel
« point sa constitution en peut être changée. »

Cette prédiction s'est accomplie en France. Les
parlements qui, surtout depuis le quinzième siècle,
ne cessaient de frapper sur la juridiction patrimoniale des seigneurs et du clergé, ne s'aperce-
vaient pas sans doute que leurs arrêts avaient pour
résultat de transformer la constitution de l'Etat, de
monarchique qu'elle était, en constitution démocratique; travail lent, mais constant qui devait aboutir
à la fameuse nuit du 4 août 1789 où la noblesse, en
abandonnant les derniers restes de ses prérogatives,
renversa pour jamais la monarchie.

La nature de la monarchie tempérée est donc que
le prince ait la souveraine puissance, mais qu'il
l'exerce suivant les lois établies. Son essence, ce qui
lui donne l'être est la noblesse *privilégiée* : pas de
noblesse, pas de monarchie ; pas de priviléges, pas de
noblesse.

Voyons quel est le principe, c'est-à-dire le ressort
qui fait agir ce gouvernement. Le chapitre que Montesquieu consacre à ce sujet mérite d'être cité en
entier. C'est le cinquième du livre III de l'*Esprit des
Lois*.

« Dans les monarchies, dit-il, la politique fait faire
« les grandes choses avec le moins de vertu qu'elle
« peut ; comme dans les plus belles machines l'art
« emploie aussi peu de mouvements de forces et de
« roues qu'il est possible.

« L'Etat subsiste indépendamment de l'amour pour
« la patrie, du désir de la vraie gloire, du renonce-
« ment à soi-même, du sacrifice de ses plus chers
« intérêts, et de toutes ces vertus héroïques que nous
« trouvons dans les anciens, et dont nous avons seu-
« lement entendu parler.

« Les lois y tiennent la place de toutes ces vertus dont
« on n'a aucun besoin ; l'Etat vous en dispense. Une
« action qui se fait sans bruit y est en quelque façon
« sans conséquence.

« Quoique tous les crimes soient publics par leur
« nature, on distingue pourtant les crimes véritable-
« ment publics d'avec les crimes privés, ainsi appelés
« parce qu'ils offensent plus un particulier que la so-
« ciété entière.

« Or, dans les Républiques, les crimes privés sont
« plus publics, c'est-à-dire choquent plus la constitu-
« tion de l'Etat que les particuliers ; et, dans les
« Monarchies, les crimes publics sont plus privés
« c'est-à-dire choquent plus les fortunes particulières
« que la constitution de l'Etat même.

« Qu'on lise ce que les historiens de tous les temps
« on dit sur la cour des monarques ; qu'on se rappelle
« les conversations des hommes de tous les pays, sur
« le misérable caractère des courtisans : Ce ne sont
« point des choses de spéculations ; mais d'une triste
« expérience.

« L'ambition dans l'oisiveté, la bassesse dans l'or-
« gueil, le désir de s'enrichir sans travail, l'aversion
« pour la vérité, la flatterie, la trahison, la perfidie,
« l'abandon de tous ses engagements, le mépris des
« devoirs du citoyen, la crainte de la vertu du prince,
« l'espérance de ses faiblesses et, plus que tout cela,
« le ridicule perpétuel jeté sur la vertu, forment, je
« crois, le caractère du plus grand nombre des cour-
« tisans, marqué dans tous les lieux et dans tous les
« temps. Or, il est très-mal aisé que la plupart des
« principaux d'un état soient malhonnêtes gens et
« que les inférieurs soient gens de bien, que ceux-
« là soient trompeurs et que ceux-ci consentent à
« n'être que dupes.

« Que si dans le peuple il se trouve quelque mal-
« heureux honnête homme, le cardinal de Riche-
« lieu, dans son testament politique, insinue qu'un
« monarque doit se garder de s'en servir. Tant il est
« vrai que la vertu n'est pas le ressort de ce gouver-
« nement. Certainement elle n'en est pas exclue, mais
« elle n'en est pas le ressort.

« Je me hâte et je marche à grands pas, ajoute
« Montesquieu, afin qu'on ne croie pas que je fasse la
« satyre du gouvernement monarchique. Non, s'il
« manque d'un ressort il en a un autre; L'HONNEUR,
« c'est-à-dire le *préjugé* de chaque personne et de
« chaque condition. »

Voila donc le principe, le ressort de la Monarchie,
ce qui la fait agir, l'honneur, *un préjugé!* Et remarquez que je ne force pas la pensée du célèbre président
du parlement de Bordeaux; car il s'exprime bien
clairement « *Il est vrai*, dit-il, *que philosophiquement*

« *parlant, c'est* UN HONNEUR FAUX *qui conduit toutes les*
« *parties de l'Etat.*»

Qu'est-ce donc que cet honneur faux si ce n'est la passion des honneurs, du faste, de la représentation, des titres et des cordons, et non le véritable honneur qui n'est autre que la vertu que Montesquieu n'admet que comme une exception dans une Monarchie.

Je dis que dans une Monarchie, s'il n'est pas impossible, il est très-difficile que le peuple soit vertueux.

(Esprit des Lois, liv. 3, chap. 5.)

La passion des honneurs, l'honneur faux, n'est donc, en réalité, que la vanité, capable, il est vrai, de pousser quelquefois ceux qui en sont animés à faire une action d'éclat qui peut être utile au public; mais capable aussi de faire commettre bien des bassesses, car combien de gens se déshonorent par vanité, par leur passion pour cet honneur faux.

L'honneur, tel qu'on l'entend trop souvent dans la pratique de la vie, le point d'honneur, n'est aussi qu'un préjugé que nous ont transmis les peuples de la Germanie ; c'est un reste de nos vieux habits sauvages. Préjugé bizarre qui répugne à la religion et à la saine philosophie, mais tellement passé dans nos mœurs, que, parfois, le sage se voit contraint d'y obéir tout en le méprisant, et de livrer sa vie au premier spadassin qui l'aura insulté.

S'il est vrai, comme dit Montesquieu, que le principe de chaque gouvernement doit avoir sur les lois une suprême influence, vous pouvez juger du mérite des lois faites sous la Monarchie par le ressort qui fait agir ce gouvernement.

V.

DE LA MONARCHIE CONSTITUTIONNELLE OU REPRÉSENTATIVE

—

Dans ce système, on suppose que la souveraineté réside dans le peuple. La vérité est, que le peuple, sous la Monarchie constitutionnelle, participe seulement à la puissance législative qui n'est simplement qu'un attribut de la souveraineté. Je dis que ce n'est qu'une fraction de la puissance législative qui est attribuée au peuple, car le droit de proposer les lois lui est interdit. Son rôle se réduit à accepter, refuser, ou amender celles que présente la couronne ; et encore le roi a-t-il le droit de repousser les lois ainsi amendées. Sous la royauté constitutionnelle, le peuple, décoré du vain titre de souverain, est supposé exercer cette partie d'une partie de la souveraineté par l'intermédiaire de députés à une chambre élective qui doit se dissoudre quand il plaît au roi.

Ces députés sont élus par un nombre toujours fort

réduit d'électeurs, toujours payant un cens, comme si le plus ou le moins d'argent conférait la souveraineté à un citoyen ou l'en dépouillait.

En France, où le vote universel a reconnu la souveraineté à onze millions cinq cent mille citoyens, la Monarchie représentative ne la reconnaissait qu'à deux cent cinquante mille électeurs, c'est-à-dire exactement à la quarante sixième partie du souverain réel. Deux citoyens environ sur cent étaient électeurs ; *la vile multitude* se composait de onze millions deux cent cinquante mille homme qui n'avaient que le droit de payer l'impôt du sang par le recrutement, l'impôt du travail par les prestations, et l'impôt en numéraire par les contributions directes ou indirectes, etc.

La noblesse, sous les gouvernements représentatifs, exerce sa part de souveraineté dans la chambre des pairs dont le roi augmente le nombre à sa volonté. Ces pairs sont nommés à vie, et souvent leur titre est héréditaire, suivant cette fiction (car tout est fiction dans ce gouvernement) que le fils, en supposant encore qu'il soit bien le fils de l'homme dont il porte le nom, hérite des qualités du père comme il hérite de ses titres de noblesse et de sa fortune. Or, nous voyons tous les jours qu'un homme éminent a pour fils un être incapable, et qu'un homme de génie est le fils d'un père sans valeur.

Mais, dira-t-on, en attaquant le droit de naissance, vous attaquez le droit de succession ? Pas le moins du monde. Que le fils paresseux, vicieux et dissipateur hérite des biens amassés à la sueur du front d'un père honnête homme et travailleur ; ainsi le veut la loi, ainsi soit. Si l'Etat n'y gagne pas, du moins il y perd peu et son salut n'en est pas compromis. Mais qu'un homme incapable et vicieux, en sa qualité de fils de son père, de frère de son frère ou de neveu de son oncle, hérite du droit d'exercer une portion de la souveraineté, voilà ce que la raison ne peut admettre, voilà ce qui inspirait à Bonaparte, au milieu des méditations de la captivité, ces paroles mémorables qui semblent constituer son testament politique. LES PEUPLES SONT-ILS ASSEZ SIMPLES POUR SE CROIRE LA PROPRIÉTÉ D'UNE FAMILLE!

(*Mémorial de Sainte-Hélène*. T. II, p. 780. Paris, 1842).

Le seul pouvoir réel qui réside dans les chambres d'un gouvernement représentatif est le droit de refuser l'impôt. Ainsi, elles peuvent bien entraver la marche du gouvernement dans des circonstances extrêmes; mais elles sont incapables de le faire marcher.

Le roi exerce seul tous les autres attributs de la souveraineté, le pouvoir exécutif, le pouvoir administratif et le pouvoir judiciaire. Toute justice émane de lui; elle se rend en son nom. Il possède le droit de grâce, commande les forces de terre et de mer, nomme aux emplois publics, confère les récompenses pécuniaires et honorifiques. Il exerce, en outre, une partie de la puissance législative, puisqu'il propose les lois et refuse de sanctionner celles que les Chambres auraient amendées, c'est-à-dire corrigées sans son aveu. Sa personne est inviolable et *sacrée*.

Ces prérogatives de la couronne donnent au roi la facilité de disposer à son gré de la majorité dans les deux chambres; dans celle des députés, par la distri-

bution des nombreuses faveurs qu'il a à sa disposition,
et, en outre, dans celle des nobles par la nomination
du nombre de pairs qu'il croit nécessaire pour s'as-
surer une majorité favorable à l'exécution de ses
projets.

On comprendra, maintenant, comment l'appât des
honneurs est le ressort de toutes les monarchies quelles
qu'elles soient.

Montesquieu doutait que la Monarchie tempérée,
celle que nous avions avant 1789, ait jamais existé
dans toute sa pureté. On peut dire avec assurance que
la Monarchie représentative n'a jamais eu d'existence
réelle, et qu'elle doit nécessairement dégénérer en
despotisme par la corruption, ou en République démocratique par la force des choses, par le progrès
des lumières.

Cette balance imaginaire des pouvoirs dont nous
avons fait en France l'essai infructueux pendant trente-
quatre ans, et à laquelle certains hommes d'Etat qui
voient dans ce système politique une lice ouverte à
leurs ambitieuses intrigues, ne renoncent pas encore,
malgré la sévère leçon qu'ils ont reçue, n'est donc tout
au plus qu'un gouvernement de transition. Transition
pénible autant que dangereuse qui, après avoir fati-
gué les peuples des oscillations de sa prétendue balance politique, se termine nécessairement par une
catastrophe, la perte de la liberté ou la chute du
trône. Trop heureux le monarque quand, en perdant sa
couronne, il ne perd pas aussi sa tête.

Faudra-t-il rappeler constamment aux enthou-
siastes de cette fiction le passage de Tacite, où ce
profond politique exprime son opinion sur la pondé-

ration des pouvoirs telle qu'elle se pratique, ou plutôt telle qu'on a été sensé la pratiquer depuis des siècles en Angleterre, pays classique du régime constitutionnel, ce chef-d'œuvre de gouvernement des Orléanistes. C'est un système, dit l'auteur des Annales, plus facile à louer qu'à mettre en usage et qui, en supposant même qu'on le pût pratiquer, n'aurait certainement pas de durée.

Quiconque méditera l'histoire d'Angleterre se rangera à l'opinion du célèbre historien en voyant qu'à aucune époque cette balance des trois pouvoirs, le Roi, la Noblesse et le Peuple, n'a réellement existé.

La Noblesse prédomine jusqu'à ce que Henry VII et ses successeurs en aient brisé la puissance par la ruine du système féodal. Alors, le pouvoir royal devient suprême et absolu, mais les audacieuses attaques des communes viennent renverser de nouveau la triple tour (*the triple tower*) comme disent les Anglais, et la couronne d'Angleterre roule sur l'échafaud avec la tête du roi Charles Ier.

La lutte entre les prérogatives royales et les priviléges du parlement trouble la période qui suit la Restauration et se termine par les actes de 1688, qui assurent au roi une influence sans bornes sur le gouvernement, par l'augmentation inouïe des revenus de la couronne, influence qui ne cesse de s'accroître qu'en 1815.

Dans les années suivantes, le poids des communes dans la balance politique acquiert de la prépondérance par la réforme électorale et ses conséquences qui ont fini par faire de l'Angleterre une sorte de République oligarchique ou aristocratique dans laquelle la royauté n'est plus, en réalité, qu'une présidence à vie et héréditaire sans cesse menacée et sans cesse combattue.

De là à la démocratie il y a un grand pas, je le sais ; mais il se fera ; il se fera même sans secousse, car le peuple anglais n'est plus comme on le disait à une époque déjà bien éloignée de nous, moitié ivre et moitié endormi. Il est sorti de sa torpeur et la sympathie qu'il témoigne à toutes les luttes des peuples contre les rois en est la preuve incontestable.

Nous avons vu dernièrement la réception faite au maréchal Haynau par les ouvriers de la brasserie de MM. Barclay et Perkins, et l'approbation de cette vengeance populaire par toutes les réunions des ouvriers de la Grande-Bretagne. Cet élan démocratique du peuple anglais en faveur de la liberté des nations étrangères, n'est pas nouveau. Il y a soixante ans, en 1791, on donnait, à Bristol, pour la première fois, un drame intitulé la *Prise de la Bastille*. La pièce représentait les principales scènes de cet événement glorieux. L'intérêt du public avait été extrême pendant les premiers actes, mais l'enthousiasme fut au comble au dénouement.

Aux premiers coups de fusils des gardes françaises, les spectateurs s'élançant des loges et du parterre, par un mouvement électrique, se précipitent sur le théâtre, brisent les décorations qui représentent la Bastille, font main-basse sur les acteurs qui figuraient les troupes royalistes, et s'emparant de celui qui jouait le rôle de Lafayette, commandant de la garde nationale, ils le portent en triomphe dans les principales rues de la ville en criant : Vivent les Français ! vive la liberté !

J'ai dit que la Monarchie représentative était une lice ouverte à l'ambition des prétendus hommes d'État. Qui donc paie le prix de la course au pouvoir? — Le peuple ; et ce qu'il paie en réalité, il ne pourrait même l'imaginer ; car il paie sans se rendre compte.

« Ce n'est pas évaluer à un trop haut prix, a dit
« le publiciste le plus éminent de notre époque, que
« de porter à DEUX MILLIARDS AU MOINS ce que la France
« a payé pour avoir la satisfaction d'entendre succes-
« sivement M. Thiers ou M. Guizot faire, en qualité
« de ministres, de grands discours sans proportion
« avec les actes d'une politique sans grandeur. »

Nous n'avons eu en France que cinq princes constitutionnels. Le premier a péri sur l'échafaud ; trois ont perdu leur couronne et sont morts dans l'exil ; un seul a fini sur le trône, après avoir régné huit ans. Huit ans dont l'histoire n'est qu'une suite de conspirations qui se succèdent jusqu'à l'assassinat d'un héritier de la couronne ; que l'exposé de la lutte continuelle, de plus en plus ardente entre la souveraineté nationale et la souveraineté d'un seul, le peuple d'une part, le roi et les privilégiés de l'autre.

Terminons par deux mots cette brève étude de la monarchie représentative. Ce système de fictions, si peu stable et si compliqué, suppose une transaction avec la souveraineté du peuple, comme s'il était possible de transiger avec un principe. Ce n'est en résumé qu'une ligue, un pacte contracté entre la couronne et les privilégiés, dans le but de l'exploitation du peuple. Pacte qui renferme en germe le despotisme ou la démocratie.

VI.

DE L'OLIGARCHIE ET DE LA RÉPUBLIQUE ARISTOCRATIQUE.

Nous avons examiné les différentes formes que revêt le gouvernement d'un seul, autrement dit, la monarchie; étudions maintenant celles que l'on rapporte au gouvernement de plusieurs, c'est-à-dire l'oligarchie, la république aristocratique et la démocratie. Je classe les deux premières sous le même chapitre, parce qu'elles ne diffèrent entre elles que par le plus ou le moins grand nombre d'individus privilégiés qui se partagent le pouvoir. Très-réduit dans les oligarchies, le nombre des gouvernants est plus considérable dans les républiques aristocratiques. Telle est la différence capitale, et je pourrais presque dire la seule différence qui existe entre ces deux formes de gouvernements.

« Dans l'aristocratie, dit Montesquieu, la souve-
« raine puissance est entre les mains d'un certain

« nombre de personnes. Ce sont elles qui font les
« lois ; et le reste du peuple n'est *tout au plus* à leur
« égard que comme dans une monarchie les sujets
« sont à l'égard du monarque. »

Nous avons vu ce qu'était les sujets dans une monarchie, rien. Dans une république aristocratique ils sont donc moins que rien.

« La meilleure aristocratie, ajoute l'auteur de
« *l'Esprit des lois*, est celle où la partie du peuple qui
« n'a point de part à la puissance est si petite et si
« pauvre, que la partie dominante n'a aucun intérêt
« à la dominer.

« Plus une aristocratie approchera de la démo-
« cratie, plus elle sera parfaite ; et elle le deviendra
« moins à mesure qu'elle approchera de la monar-
« chie. »

Je m'arrête ici, car pour qui comprendra les passages que je viens de citer, la république aristocratique est jugée. C'est l'oppression du grand nombre par les aristocrates toujours en minorité dans une nation ; gouvernement qui ne s'améliore qu'en s'écartant de sa nature, c'est-à-dire en se rapprochant de la démocratie. Observez bien, dans l'intérêt de la solution de la question posée en tête de cet écrit, que ce gouvernement suppose une classe privilégiée en exploitant une qui ne l'est pas, des aristocrates et des sujets ; en d'autres termes, des oppresseurs et des opprimés ; point d'égalité parmi les hommes.

VII.

DE LA DÉMOCRATIE OU DU GOUVERNEMENT RÉPUBLICAIN DÉMOCRATIQUE

—

« Le sanctuaire de l'honneur, de la réputation et
« de la vertu semble être établi dans les républi-
« ques. »

« Lorsque dans la république, le peuple en corps a
« la souveraine puissance, c'est une démocratie. »

Telle est la nature de ce gouvernement, son essence
est l'égalité.

M'objectera-t-on que Montesquieu a dit aussi :

« Sitôt que les hommes sont en société, l'égalité
« qui était entre eux cesse, et la guerre commence. »
Je répondrai : l'égalité de fait cesse il est vrai par la
domination soit d'un roi, soit du clergé, soit de l'aristocratie nobilière ou bourgeoise ; mais le sentiment
de l'égalité ne s'éteint que lorsque le despotisme d'un
seul ou de plusieurs est arrivé à ce point de dépouiller l'homme de tout sentiment de dignité personnelle ;
mais *l'égalité de droit* subsiste imprescriptible.

Oserait-on dire que l'homme destiné par sa nature à vivre en société, doit refouler le sentiment naturel de l'égalité? Cette proposition équivaudrait à celle-ci : L'homme est né avec la faculté de penser et ne doit pas penser. L'égalité et la sociabilité sont-elles des dons incompatibles que Dieu nous a fait? Dire que Dieu nous les a fait, c'est déclarer implicitement leur compatibilité. Comment donc les accorder? Par la constitution, par le pacte social, qui sera un traité de paix perpétuelle, si l'égalité entre les citoyens y est respectée, si le seul souverain est le peuple, si le seul maître est la loi. Alors tous les membres de la cité seront égaux et n'inclineront leur égalité que devant les élus qu'ils auront investis de leur pouvoir pour la confection des lois, pour l'administration de la justice, pour celle du pays, ou pour le commandement des armées; car, dit Montesquieu : « C'est une maxime « fondamentale du gouvernement républicain que le « peuple nomme ses magistrats, autrement ils ne sont « pas à lui. »

Alors le citoyen n'obéira qu'à lui-même en la personne de ses délégués, qui seront la loi faite homme dans l'étendue de leur mandat; l'égalité existera de fait comme elle n'a jamais cessé d'exister de droit et la guerre entre les citoyens aura perdu sa raison d'être.

Le sentiment de l'égalité nous vient de Dieu, Dieu nous ayant créé tous égaux et voulant que tous nous vivions en frères. Celui de l'empire et de la domination n'est point un sentiment naturel à l'homme, c'est une idée factice, inspirée par la constitution vicieuse des sociétés. Il suffira d'en étudier les sources pour s'en convaincre.

Qu'est-ce qui pousse à la domination? L'orgueil, l'appât des honneurs et des richesses, c'est-à-dire la soif de l'adulation et des plaisirs portée à l'excès, passion qui ne peut naître que dans une âme corrompue à ce point d'avoir perdu le sentiment de l'égalité, qui fait partie de la nature de l'homme, et vivant au milieu d'âmes corrompues comme elle.

Supposez un enfant du plus pauvre habitant du village le plus agreste; mettez-le en présence d'un monarque environné de tout l'éclat de sa puissance. Son premier sentiment sera l'effroi, l'étonnement; puis ses jeunes organes d'abord émus et troublés d'un spectacle si nouveau pour lui finiront par s'y accoutumer, et l'enfant parlera au monarque avec le sentiment le plus parfait de l'égalité. — Les enfants tutoient tout le monde.

Mais, m'objecterez-vous, dans leurs jeux, les enfants sont tyrans. — Il se peut, ce sont déjà de petits hommes, on l'a dit; observez toutefois que ce qui porte l'enfant aux exigences que vous remarquez, c'est plutôt le sentiment de sa liberté personnelle que celui de la domination. Je veux jouer à tel jeu, dira-t-il, tu ne le veux pas; je ne joue pas. Il n'ajoute jamais : et tu joueras au jeu que je préfère.

D'ailleurs cet enfant, quelque retiré que soit le village où il a vécu, n'a-t-il pas subi l'influence de notre ordre social? Il a vu monsieur le maire, monsieur le curé, monsieur l'instituteur et surtout le *monsieur* par excellence, le gros propriétaire, le respect, les honneurs qu'on leur rend, et déjà sa jeune âme est sous le coup de l'influence de notre organisation.

La consécration de l'égalité parfaite est le suffrage universel dont aucun citoyen ne doit être exclu s'il ne s'est exclu lui-même par la violation du droit politique ou du droit civil. Les conspirateurs contre la souveraineté populaire, les assassins, les voleurs, en un mot tous ceux qui, en refusant leur obéissance aux lois du peuple, se sont retirés du peuple, perdent ce droit, le plus précieux de tous, et qu'un citoyen ne doit se laisser enlever qu'avec la vie.

« A Athènes, l'étranger qui se mêlait dans l'assem-
« blée du peuple était puni de mort; c'est qu'un tel
« homme usurpait le droit de souveraineté. » (*Esprit des Lois,* l. 2, ch. 2.) Si quatre à cinq cents citoyens y avaient ravi à des millions de leurs égaux la faculté d'exercer leur droit de souveraineté, la peine de mort étant abolie pour crime politique, quelle peine leur eût-on infligée?

Nous avons vu quelle était la nature et l'essence du gouvernement démocratique. Son principe, son ressort, dit Montesquieu, ce qui le fait agir, c'est LA VERTU.

Vous entendez journellement des étourdis ou des gens de mauvaise foi, s'appuyant sur ce passage de Montesquieu, passage que l'on a torturé, vous dire : Le principe de la démocratie est la vertu ; la France n'est pas assez vertueuse pour vivre en République.

Je défie d'abord le partisan le plus ardent, le plus entêté de la monarchie de me citer, dans les quatorze siècles de notre histoire, une époque plus vertueuse que la nôtre. Est-ce sous le régime de la féodalité, où l'esclavage, le vol et l'impudicité étaient écrits dans nos Codes, où l'abus de la force, la violence était telle que les rois furent obligés d'instituer *la trêve de Dieu,* c'est-à-dire de fixer les jours où les seigneurs devraient cesser leurs brigandages ! Est-ce sous Louis XI, qui porta le dernier coup à la féodalité ; roi populaire par intérêt personnel, mauvais fils, mauvais époux, mauvais père, qui chercha à tromper jusqu'à Dieu ? Est-ce à l'époque de nos guerres de religion, où les Français s'entretuaient pour cause de différence de culte ? Parcourez les sermonnaires du temps et vous frémirez de la corruption du siècle. Est-ce sous Charles VIII, François Ier ou Henri III, où la corruption italienne vint s'adjoindre à la corruption native de la cour, et descendit de la noblesse dans le peuple ? Est-ce sous Henri IV, *ce vert galant, ce diable à quatre ;* il avait sans doute des qualités rares chez les rois ; mais était-il vertueux et l'était-on sous son règne ? Lisez *les Femmes galantes* de l'abbé de Brantôme, ou plutôt ne les lisez pas, vous ferez mieux. Est-ce sous Louis XIV, *le grand roi* qui peuplait de ses courtisanes et de ses bâtards ses palais tout ruisselant de la sueur du peuple? Sous Louis XV, dont les infâmes débauches dépassent tout ce que l'antiquité nous rapporte de la plus honteuse corruption ?

Mais ce n'est ni la vertu morale ni la vertu chrétienne que Montesquieu considère comme le principe de la démocratie. « Ce que j'appelle vertu dans la « République, » dit-il, « est l'amour de la patrie, « c'est-à-dire *l'amour de l'égalité ;* c'est le ressort qui « fait mouvoir le gouvernement républicain, comme « l'honneur est le ressort qui fait mouvoir la mo- « narchie. »

Il dit autre part : « Ce que j'appelle la vertu dans

« la République, est l'amour de la patrie, c'est-à-dire
« l'amour de l'Egalité. Ce n'est point une vertu mo-
« rale, ni une vertu chrétienne, c'est LA VERTU POLI-
« TIQUE; et celle-ci est le ressort qui fait mouvoir le
« gouvernement républicain, comme l'honneur est le
« ressort qui fait mouvoir la monarchie. »

Il dit encore : « Le bon citoyen, l'homme de bien,
« n'est pas l'homme de bien chrétien ; mais l'homme
« de bien politique, qui a la vertu républicaine,
« l'amour de l'égalité. »

VIII.

DE L'ESPRIT SOCIAL FRANÇAIS.

Nous savons ce que l'on entend par souveraineté ; nous avons passé en revue tous les systèmes politiques auxquels se rapportent les différentes formes de gouvernements des peuples, sous tous les climats et dans tous les temps. Nous n'avons plus qu'à étudier l'esprit social de la France pour savoir quel est le gouvernement qui convient à son repos, à sa prospérité et à sa gloire.

Réunie depuis des siècles en corps de nation, régie par les mêmes lois, soumise à peu d'exceptions près aux mêmes croyances religieuses, la France présente le spectacle d'un grand peuple, riche par la fertilité de son territoire et par son industrie, puissant par la force de ses armes autant que par ses lumières, qui le placent aux premiers rangs des nations civilisées.

Ses voisins l'accusent de légèreté et d'inconstance. Ce reproche, basé sur le peu d'attachement qu'il montre pour les différents gouvernements qui se sont succédé, tombe de soi-même, si l'on considère que cette facilité à renverser ou à laisser tomber ces gouvernements n'a pour principe que le désir constant de l'affranchissement; l'indépendance étant le fond du caractère national. Ce n'est donc pas par légèreté que le peuple français passe d'un gouvernement à un autre; mais par le sentiment constant, par l'amour inné de la liberté.

Je dis que l'amour de la liberté est inné chez le peuple français. En effet, si j'étudie son histoire, je vois dans les temps les plus reculés le sol de la Gaule couvert de petites Républiques se confédérant pour combattre l'invasion romaine, et ne cédant, après les plus longs et les plus généreux efforts, qu'accablées par les attaques formidables des légions romaines commandées par le plus vaillant capitaine de l'antiquité, César, dont le nom est encore aujourd'hui celui de la bravoure.

La Gaule, devenue romaine, se vit conserver par ses vainqueurs les immunités et les franchises de ses municipalités, acte de haute politique de la part des Romains, et qui prouve à la fois l'ardent amour de nos pères pour la liberté, et l'impossibilité d'attenter à leur indépendance.

Quelques siècles plus tard, les barbares du Nord se ruent sur les provinces de l'Empire romain; la Gaule est envahie et couverte de nouvelles races qui viennent se partager le sol et y apporter la servitude et la féodalité. Deux peuples vont vivre pendant treize siècles sur le même territoire sans presque se mélanger; les

Francs et les Gaulois, les nobles et les vilains, les maî-
tres et les esclaves.

Cependant l'esprit Gaulois, l'amour de la liberté ne
s'éteint pas ; il se ranime par l'affranchissement des
communes. Grâce à la grossière ignorance de la noblesse l'administration de la justice tombe aux mains
des roturiers. Soutenus par les rois à qui les priviléges
des seigneurs font ombrage, et qui pensent qu'il leur
sera plus facile d'avoir raison d'un peuple divisé et
sans armes que d'une noblesse jalouse de ses préten-
tions, les magistrats arrachent pièce à pièce les prérogatives des gentilshommes. Travail lent, pénible
mais incessant qui aboutit à la nuit du 4 août 1789.
Nuit à jamais mémorable !

Pas un jour parmi les plus brillants de notre histoire ne peut en effacer l'éclat. Depuis trois semaines
à peine les dernières assises du despotisme, ce vieil
édifice gothique, s'étaient écroulées avec les remparts
de la Bastille. Dans toutes nos provinces, le peuple,
de son droit souverain, abolissait les prérogatives de
la féodalité. Ce grand mouvement fut tel que la noblesse elle-même vient mettre aux pieds de la nation,
dans l'Assemblée constituante, ce qui lui restait de
priviléges. Un orateur veut prendre la parole en faveur
des droits féodaux ; on l'écoute à peine. « Alors paraît
« à la tribune un cultivateur ; son geste est rude et sa
« parole austère. Il porte un habit de paysan ; il se
« nomme Le Guen de Kerengal. On ne l'a jamais en-
« tendu ; on prête l'oreille ; il ne fait pas de phrase ;
« il va droit au but. Qu'on nous apporte, dit-il, ces
« titres qui outragent la pudeur, qui insultent à
« l'humanité, qui forcent les hommes à s'atteler à

« une charrette comme des animaux de labourage.
« Qu'on nous apporte les titres en vertu desquels les
« hommes passent des nuits à battre des étangs pour
« empêcher les grenouilles de troubler le sommeil d'un
« voluptueux seigneur. » Oui, oui, s'écrie-t-on de
toute part, les titres! les titres ! Et l'égalité de l'impôt, la destruction des priviléges qui écrasent le
peuple, l'abolition des droits féodaux, des corvées
seigneuriales, de toutes les servitudes personnelles,
en un mot, sont proclamés.

Cette nuit changea la face de la France; elle nous
rendit tous égaux en fait comme nous l'étions en
droit et tous admissibles aux emplois. Elle nous permit d'aspirer à la propriété et nous restitua le libre
exercice de notre industrie. Cette nuit fut une révolution plus importante que la prise de la Bastille dont
elle était la conséquence. Elle rendit le peuple maître
de la société, comme la prise de la bastille l'avait
rendu maître du gouvernement. Enfin, elle lui permit
de préparer sa nouvelle constitution en détruisant
l'ancienne.

Le principe de l'égalité une fois proclamé comme
base du droit public, il fallait que toutes ses conséquences se fissent jour. Aussi, dix-huit mois après,
vit-on l'Assemblée nationale l'appliquer au droit civil.
L'inégalité entre les héritiers résultant de la distinction des sexes ou de primogéniture fut aboli et la constitution *aristocratique* de la famille anéantie comme
l'avait été celle de l'État. L'Assemblée nationale, en
imprimant à la France entière cette forme démocratique, qui est désormais celle de l'avenir du monde
civilisé, fit que la propriété se divisa comme nous la

voyons aujourd'hui. Bienfait immense qui donne à la majorité des Français le caractère sacré de propriétaire qui, en les attachant au sol, resserre les liens qui les unissent à la patrie et dont le seul inconvénient, le morcellement du territoire, peut être facilement évité par l'association des petits propriétaires.

Il est permis de dire sans exagération, écrit un publiciste, que la loi qui décréta l'égalité des partages dans les familles a plus fait pour les idées démocratiques en France que toutes les mesures exceptionnelles inventées par la révolution ; et que son influence a été et sera plus durable sur nos destinées que toutes les conquêtes de nos armées dont nous n'avons gardé qu'un brillant souvenir.

Jamais loi ne fut plus unanimement sanctionnée par le peuple. Jamais institution ne passa mieux dans les mœurs d'une nation, parce que jamais nation ne fut mieux disposée à la recevoir. On peut dire hautement qu'elle a proclamé le principal caractère de l'esprit social français, le sentiment de l'égalité, et augmenté, s'il était possible, l'amour de la patrie.

On se rappellera que, le 10 février 1826, Charles X, toujours préoccupé de ses idées de retour à l'ancien régime, essaya d'abroger le principe de l'égalité des partages par la proposition de la loi sur le droit d'aînesse. Le chambre des députés, celle qui surtout devait la repousser, l'adopta ; mais heureusement la loi fut rejetée par la chambre des pairs. Il faut avoir cette époque présente à la mémoire pour se faire une idée des transports de joie qui éclatèrent dans toute la France, au rejet de cette loi de priviléges.

Si nous avions besoin de prouver cette proposition

si évidente à savoir : Que l'égalité est le caractère essentiel de l'esprit social français, le fait seul que je viens de rapporter suffirait.

La disposition du peuple Français, suivant l'expression de Montesquieu, c'est-à-dire son caractère national autrement dit, son esprit social a donc pour élément :

L'amour de la liberté ; ses luttes de vingt siècles le prouvent ;

L'amour de l'égalité qui est passé dans ses mœurs et que rien ne peut éteindre, si ce n'est la réorganisation de la propriété suivant l'ancien système c'est-à-dire, *pas de terre sans seigneur, tout aux noble.* ou *au clergé, et rien aux vilains.* Est-ce possible?

Enfin, l'amour de la patrie que les institutions égalitaires ont augmenté et tendent à augmenter tous le jours par la division incessante de la propriété.

C'est donc avec raison que le vénérable Royer Collard, disait, il y a un quart de siècle : En France la démocratie coule a pleins bords. Or, je le demande, si « le gouvernement le plus conforme à l « nature est celui dont la disposition particulière s « rapporte mieux à la disposition du peuple pour le « quel il est établi, » (Montesquieu, Esprit des Lois livre 1er, chap. 3), quel est le gouvernement qui con vient à un peuple inspiré de l'amour de la liberté, d l'amour de l'égalité et de l'amour de la patrie, à u peuple de démocrates en un mot,

La République démocratique ou la Monarchie?